NOTICE HISTORIQUE

SUR

LA CORPORATION

DES

MAITRES BOUCHERS

DE MEULAN

MEULAN
IMPRIMERIE DE A. MASSON
37, rue Gambetta, 37

—

1889

NOTICE HISTORIQUE
SUR
LA CORPORATION
DES
MAITRES BOUCHERS
DE MEULAN

[L. Raulet]

NOTICE HISTORIQUE

SUR

LA CORPORATION

DES

MAITRES BOUCHERS
DE MEULAN

MEULAN
IMPRIMERIE DE A. MASSON
37, rue Gambetta, 37

—

1889

NOTICE HISTORIQUE

SUR

LA CORPORATION

DES

MAITRES BOUCHERS
DE MEULAN

Le fait le plus ancien qui nous permette de constater l'existence de cette corporation meulanaise remonte à 1404, mais elle devait être d'une origine bien plus reculée, hypothèse confirmée d'ailleurs par l'acte auquel nous faisons allusion.

Il nous sera pourtant possible de nous faire une idée assez exacte de la boucherie, à Meulan, avant le XVe siècle; il nous suffira de voir, par les documents de l'époque, ce qui se passait alors dans les villes environnantes, à Paris, à Chartres, à Mantes, à Rouen et à Pontoise.

Dans l'introduction au *Livre des règlements sur les arts et métiers de Paris* d'Étienne Boileau, prévôt de Paris au XIIIe siècle, M. Depping dit, que les familles une fois vouées à l'état de boucher y demeuraient forcément affectées et ne pouvaient plus le quitter, leur qualité se transmettant de père en fils. Les étaux étaient donc occupés exclusivement par ces familles, qui les laissaient à leurs descendants comme un héritage et les traitaient comme une propriété immobilière.

Ces familles se regardaient comme fournisseurs privilégiés de viande et réclamaient vivement contre l'établissement de nouveaux étaux.

La police de la boucherie a toujours demandé beaucoup plus de circonspection que celle de la boulangerie ; car la viande peut être dangereuse à la santé, difficile à manger et sans goût le jour même où les bestiaux ont été tués. De là viennent ces règlements de police qui défendaient de la vendre le même jour. Si au contraire on la garde trop longtemps, principalement dans les temps de chaleur, elle se corrompt et n'est d'aucun usage ; ce qui engagea le pape Alexandre III, en 1160, à permettre de travailler pour les vivres, et spécialement dans les boucheries, les jours de fête, à l'exception des grandes solennités.

En 1182, Philippe-Auguste, lorsqu'il donna pour la première fois des statuts aux bouchers de Paris, se conforma à la décision pontificale.

L'expérience ayant fait connaître que pendant les chaleurs de l'été, la viande que l'on achetait le samedi ou la veille d'une fête était souvent corrompue le lendemain, l'on y pourvut en distinguant dans le commerce de la boucherie deux différentes époques : la saison froide ou tempérée et celle des chaleurs. L'ordonnance qui fut faite à cette occasion par le roi Jean, est du mois d'août 1363. Elle porte que depuis Pâques jusqu'à la Saint-Rémy (1er octobre), les bouchers attendraient au samedi pour tuer leurs bestiaux et elle leur permet de tenir leurs boutiques ouvertes les dimanches. Il en fut de même des fêtes qui arrivaient dans cet intervalle.

Ce même roi Jean, dans son grand édit de 1350, avait déjà rendu la taxe obligatoire ; ainsi sur un bœuf qui aurait coûté 20 livres, valeur de l'époque, les bouchers pouvaient prendre 40 sols de profit et 20 sols pour leurs frais. Il y était dit également que l'on ne devait pas garder la viande abattue plus de deux jours en hiver, et un jour et demi au plus en été.

Il paraît que la lumière artificielle avantage beaucoup la viande et peut tromper sur sa véritable qualité. On en fit la remarque en 1399 et on s'aperçut que les bouchers « presque tout le long du jour avaient
» et tenaient grande foison de chandelles
» allumées en chacun de leurs étaux, par
» quoi souventes fois leurs chars (viandes)
» qui étaient moins loyales et marchandes,

» jaunes, corrompues et flétries, semblaient
» très fraîches et très blanches sous la lueur
» d'icelles chandelles. » Il en résulta une
sentence du prévôt de Paris, par laquelle il
était défendu de tenir chandelles allumées
dans les boucheries après sept heures du
matin en été et huit heures en hiver.

Ces prescriptions générales furent probablement appliquées aux bouchers de Meulan que nous rencontrons dès le début du XIIIe siècle. En 1218, Robert Anet assigne cinq sous de cens sur un étal, sis sur rue, en la boucherie, près Nonciennes.

Dans la même année, Robert Tueleu ou Tueloup donne en perpétuelle aumône au prieuré Saint-Nicaise de Meulan cinq sous de cens *cotier* (c'est-à-dire roturier et non seigneurial), qu'il avait sur un étal, sis sur rue, et tenu par Guillaume Coifier en la boucherie près le cimetière des moines; ils seront payables chaque année au jour de Carême prenant (*carniprivii*); s'ils ne sont pas alors payés, les dits moines saisiront l'étal et en useront comme de leur bien propre. Le dit Guillaume, qui tient étal, y a consenti (1).

Nonciennes, aujourd'hui Thun, berceau de la ville de Meulan, était encore assez

---

(1) Collection Lévrier, t. 14, preuves nos 809 et 811.

peuplée à cette époque, puisqu'il y avait une boucherie avec plusieurs étaux.

Vers la fin du xiiie siècle, 1293-1298, nous trouvons des contrats de vente ou de location, sur des maisons situées au Fort de Meullent, au bout de la boucherie (1).

Nous arrivons au mois d'avril 1404, date où Charles VI, roi de France, délivre à Paris une ordonnance confirmant les

Statuts de la communauté des bouchers de la ville de Meulan.

CHARLES, etc. Savoir faisons à tous, présents et à venir, que nous avons reçu l'humble supplication des Bouchers demeurant en la ville de Meullent, consors (associés) en cette partie, contenant, que depuis longtemps déjà, eux ou leurs prédécesseurs ont été et sont en saisine et possession d'avoir joui, usé et exploité plusieurs poins, coutumes, ordonnances et usages ci après déclarés ; c'est assavoir :

1. Que toutes bêtes aumailles (à laine) mortes de *leu* (loup) ne doivent point être vendues en la boucherie du dit lieu.

2. S'il y a quelque vache qui requière le toreau ou qui ait de nouveau vêlée il convient qu'elle soit refroidie de trois semaines et trois jours, avant qu'elle soit digne d'être vendue.

3. Le tor coullu (taureau qui n'a point été rendu inhabile à la génération) ne doit être vendu depuis Pâques jusques à la Saint Remy (1er octobre), mais depuis la Saint Remy le peut être s'il advient qu'on en tue.

(1) Collection Lévrier, t. 15, n° 1116.

4. Le veau ne peut être vendu, s'il n'a dix sept jours francs depuis qu'il est né.

5. Porc ne peut être vendu, s'il est nourri dans la maison d'un barbier (chirurgien), d'un huillier (épicier-droguiste), d'un mareschal (vétérinaire), ou dans une maladrerie (léproserie).

6. Truie qui est en ruyt ou qui a nouvellement cochonnée, il convient qu'elle soit refroidie de trois semaines et trois jours, pareillement comme la vache, avant qu'elle soit digne d'être vendue.

7. Que tout mouton, brebis bon et loyal, ayant loy (conforme aux règlements) et graisse suffisante peut être vendu.

8. Que tous boucs et chèvres soit de lait ou autres, ne doivent point être vendus à l'étal.

9. Que toutes les bêtes dessus dites ne doivent point être soufflées, piquées ni fardées et on ne doit y mettre d'autre parement que leur graisse même comme du *rougnon, la coulle, l'illier,* réservé *la toille, la reche* et *le mullier* qu'on n'y doit point mettre, et aussi que l'on peut bien piquer au *boullon* pour mieux lever l'épaule d'une aumaille et non ailleurs.

(Voici le sens des mots en italique : rognons, parties génitales, flancs, coiffe ou péritoine, rate, graisse de la coiffe, boulon ou broche passée entre la chair et la peau pour donner ouverture au tuyau du soufflet.)

10. Toutes les bestes ci dessus déclarées, amenées en charrette, charriot ou autre instrument, ne doivent être vendues avant que les Jurés Bouchers les aient vues manger et revisitées, réservé veaux et moutons.

11. On ne doit tuer char (bétail) un jour de fête annuel ni le dimanche avant qu'il ne soit une heure de nuit ; et s'il y avait manque de viande et qu'il y eut nécessité d'abattre du bétail, on en doit prendre permission aux dits Jurés et qui fait le contraire,

mérite amende ; et aussi on doit retarder de vendre la dite viande, d'une journée franche.

12. Aucuns taverniers, boulangers ou autres d'état commun ne peuvent tuer bétail ni faire tuer pour vendre, si le dit bétail ne vient de la boucherie. En outre, aucuns bouchers étrangers n'ont la permission de tuer bétail dans la dite ville, appartenances ni dedans la banlieue mais la dite viande la pourront vendre le jeudi jour de marché.

13. Nul ne doit être reçu à exercer son métier dans la dite boucherie avant qu'il n'ait servi son maître pendant l'espace de trois ans continuels, sans rien gagner, à moins qu'il ne soit fils d'un des bouchers de cette ville et que ce soit par la permission et licence des jurés de la dite boucherie et de leurs compagnons et sans avoir payé son *paast* (repas) accoutumé, sinon les enfants des dits bouchers ; après lequel repas payé il est tenu par la coutume de continuer à vendre viande chaque jour ordinaire sans intervalle ; c'est assavoir le dimanche, lundi et mardi jusque à un an accompli, sous peine de perdre la franchise du dit métier, s'il n'est fils de boucher.

14. L'on ne doit vendre viande en la dite boucherie, si elle n'est tuée en la dite ville et appartenances, sinon le jeudi, jour de marché comme ci dessus est faite mention.

15. Quiconque fait le contraire des choses dessus dites, il mérite amende de dix sols parisis, dont le roy a la moitié et les jurés ont l'autre ; réservé toutefois les mauvaises viandes qui de raison et par la coutume sont condamnables et doivent être jetées en la rivière de Seine.

16. S'il y a manque de viande, jusques à heure de vespres Saint-Nicaise accoutumée, à vendre dans cette ville, hors le mercredi et le jeudi, les dits bouchers, par raison et par la dite coutume, doivent encourir une amende de 60 sols parisis à notre profit seulement.

17. Et pour mieux et plus sûrement gouverner,

garder et maintenir raisonnablement les termes de ces statuts, il y aura trois bouchers faits jurés solennellement par devant notre prévost ou son lieutenant; lesquels seront renouvelés tous les ans à Pâques, ils visiteront les choses dessus dites et tiendront le dit métier dans les règlements et dans un état suffisant et raisonnable. Et qu'il en soit ainsi parce que par la fortune des guerres qui ont eu lieu dans notre royaume et spécialement par la prise d'icelle ville de Meullent, laquelle fut, il y a quarante ans environ toute déserte, détruite, démolie et mise à pauvreté et autrement, la *greigneur* (plus grande) partie de leurs lettres et privilèges, comme de plusieurs franchises et libertés leur appartenant, ont été perdues et mises totalement à néant; par suite les dits suppliants pourraient encourir en grande perte des dommages et des inconvénients, si par Nous ne leur était accordée notre grâce et notre miséricorde, qu'humblement ils requièrent. Considérant que les choses dessus dites sont très profitables à Nous et au bien de la chose publique, dont nos Gens et Officiers au dit lieu sont suffisamment informés par personnes qui en ont connaissance et que la dite ville a été de tout temps et est encore à présent Ville de Loy et d'arrest; et mêmement que les Bouchers de Mantes, de Pontoise et des autres villes notables, ont eu la coutume d'user au temps passé et usent encore journellement des règlements, coutumes, ordonnances et usages ci-dessus déclarés.

De notre science certaine et grâce spéciale, pleine puissance et autorité royale, avons octroyé et octroyons que dorénavant et à toujours, eux et leurs successeurs Bouchers de la dite Ville de Meullent puissent jouir et user, jouissent et usent paisiblement de tous les règlements et ordonnances ci-dessus déclarés, par la forme et la manière dessus dites. Donnons commandement par ces présentes au bailli de Mantes et de Meullent et à tous nos autres Justiciers et Officiers ou à leurs lieutenants, que de notre présente grâce et octroi fassent, souffrent et laissent jouir et user les dessus dits suppliants et leurs successeurs bouchers en icelle Ville de Meullent, pleinement, sans leur faire souffrir ni laisser souffrir aucun trouble ou empêchement, au contraire : sauf notre droit en autres choses et le droit d'autrui en toutes.

Et pour que ce soit chose ferme et établie pour toujours, Nous avons fait mettre notre Sceau à ces présentes.

Donné à Paris, au mois d'avril l'an de grâce mil quatre cent quatre et de notre règne le xxve.

Dans le dernier paragraphe il est fait allusion à la prise de Meulan par Charles le Mauvais, roi de Navarre, qui fit transporter à Mantes les richesses et les titres de la ville de Meulan, laquelle fut abandonnée et livrée aux flammes (1).

En 1364, on le sait, la ville fut reprise par Bertrand Duguesclin, pour le compte du roi de France, Charles V.

Cette ordonnance de 1404, confirmant les statuts de la communauté des bouchers de Meulan, avait été précédée d'une autre ordonnance (janvier 1403) qui confirmait également aux bouchers de Pontoise les statuts de leur corporation. Ces deux documents sont presque identiques si ce n'est que celui de Pontoise nous donne le nom des Maire, Prévost et Voier de la ville et commune de

(1). Emile Réaux. *Histoire de Meulan*,

Pontoise, ainsi que ceux des 14 bouchers, tous demeurant dans cette ville, faisant la plus grande, notable et saine partie des bouchers de la dite ville de Pontoise. Le document concernant Meulan est muet sur ce point.

L'apprentissage du métier de boucherie devait durer quatre années à Pontoise, trois seulement à Meulan.

D'autres articles font certaines défenses, celles-ci par exemple : Nul ne doit mettre sur le feu du suif pour fondre qu'il ne soit soleil *rescouce* (couché). On ne doit jeter boyaux, sang, ni tripes dans la rue de la boucherie.

En 1408, Charles VI fait défense aux bouchers, varlets bouchers, marchands, d'aller à l'encontre des marchands forains qui amènent viande en notre dite ville de Paris, pour la substentation de Nous, de ceux de notre sang, des nobles, prélats, clergé, populaire, manants et habitants, les denrées et marchandises et spécialement bœufs, vaches et moutons et autres victuailles.

Le nombre des bouchers était généralement limité. Il arriva cependant que les avantages de la liberté furent quelquefois appréciés ; c'est ce qui eut lieu à Chartres en 1416. Une ordonnance de Charles VI supprima la communauté des bouchers de cette ville et un des considérants nous apprend que les dits bouchers faisaient à leur entrée dans la corporation « grande solennité de diners, » qu'ils appelaient leur past (comme à Meu- » lan), en quoi leur convenait faire grande, » outrageuse et excessive dépense, laquelle » était à la grande charge du peuple de la » dite ville de Chartres et à l'enchérissement » des denrées qu'ils vendaient. »

Un autre considérant, qui fait honneur à l'époque où il a été formulé, est celui-ci : « *Tant plus il y aura, en notre dite ville de* » *Chartres, de bouchers et gens tenant viande* » *en détail, tant plus sera le profit de Nous* » *(le roi), du commerce et de la chose pu-* » *blique.* »

Cette liberté de la boucherie ne dura pas longtemps. Henri VI, roi d'Angleterre, soi-disant roi de France, rétablit les bouchers de Chartres dans leurs droits et privilèges.

Les bouchers meulanais au xve siècle étaient-ils en même temps charcutiers ?

Nous avons vu par l'article cinq de leurs statuts qu'ils détaillaient le porc ; en tout cas, les *charcuitiers*, désignés aussi sous le nom de saucissiers ou boudiniers, faisaient partie à cette époque de la corporation des bouchers, ce qui nous est confirmé par les statuts des bouchers de Rouen de 1457 : que « nul maître boucher soit tant hardi de » faire saucisse sinon de chair de porc frais, » haché menu, salé à sel fin, dans des

» boyaux propres et dignes d'entrer en corps
» humain ; que nul ne mette boyaux neufs à
» vieilles chairs et ne les réchauffe au four-
» neau après un jour ; nul encore ne vende
» saucisses que depuis la mi-septembre
» jusqu'à carême prenant et n'ait chez lui
» que linge bien blanc, vases nets et bril-
» lants »; et de peur que l'odeur du hareng
ou d'un poisson quelconque ne gâte la qualité des victuailles de charcuterie, on leur défendait tout négoce de marée.

Dans un aveu fait en 1489, par Louis Vion, chevalier, seigneur de Vaux, à Bertin de Silly, seigneur de La Roche-Guyon, il est parlé du fief de *Montmort*, assis à Meulan, où il y avait une tour, de présent démolie et abattue et sur icelui fief souloient (avaient la coutume) les bouchers de Meulan *estaller leurs chairs* (1).

Cette tour faisait partie des murailles et était placée près le petit pont, dans le quartier Notre-Dame.

Dans les *Registres du roi du bailliage de Meulan*, nous relevons qu'en 1585 et 1586, il fut fait des élections pour la nomination des Jurés-Bouchers (2).

Les bouchers, pour faire face à leurs

---

(1) Archives nationales : Papiers du prince de Conti.

(2) Archives départementales de Seine-et-Oise

ventes, étaient obligés d'avoir un certain nombre de bestiaux toujours prêts pour le service de leurs étaux, de là obligation d'avoir toujours des bestiaux de réserve et nécessité de pourvoir à leur nourriture en leur destinant une certaine étendue de pâturage ; mais il y eut abus et les manants et habitants du village des Mureaux firent une requête contre la veuve Simon Brissard, la veuve Nicolas Taillepied, Pierre Taillepied et Christophle Brissard, bouchers de la ville et fort de Meulan, et les firent condamner, le 12 juillet 1615, à ne faire réserve chacun que de quinze moutons pour la fourniture de chaque semaine ; qu'il leur soit permis de les renouveler lorsqu'ils seront débités, ayant commodité de se fournir au marché qui se tient pour le bestial chaque vendredi en la ville de Poissy, qu'il leur soit permis de faire pâturer le dit nombre de moutons dedans le terroir et domaine des Mureaux et le faire garder par une seule personne expérimentée de laquelle les bouchers seront responsables pour le dommage.

En 1617, nouveau procès qui fait connaître que les bouchers de Meulan avaient plus de quatre cents bêtes pâturant non seulement sur l'étendue du terroir du dit Meulan, mais aussi dans les villages limitrophes. Le Juge décide que leurs pâturages ne peuvent s'étendre au-delà des fossés de la ville ; fossés qui sont de plus grande étendue que ceux du boulevart (fortifications) de la Sangle, sur lesquels les bouchers du fort font pâturer leurs bestiaux.

Les Jurés bouchers Jean Taillepied et Gabriel Huré obtiennent, en 1650, un jugement contre un nommé Robert Sollier, maître boucher au dit Meulan, demeurant à Yssou, pour l'obliger à résider à Meulan où il exerce son métier ; défense lui est faite de tenir boutique ni faire boucherie dans la ville et fort de Meulan tant et si longuement qu'il ne sera habitant de la dite ville et fort, à peine de saisie des viandes qu'il exposera en vente et de dix livres parisis d'amende.

Dans le procès de 1615, deux femmes veuves font partie de la corporation des bouchers de Meulan ; il n'en fut pas toujours ainsi, tout au moins pour Paris, puisqu'un règlement de 1483 porte que
« si la femme d'un boucher demeure, après
» la mort de son mari, sans enfant bou-
» cher et qu'elle soit chargée de denrées
» mortes, soient porcs, bœufs, moutons ou
» laies, elle les peut vendre et céder ainsi
» comme si son mari eut vécu *mais sans*
» *nul autre tuer ni acheter de nouveau.* »

Les restrictions, les défenses ne manquaient pas ; ainsi, il était interdit aux bouchers de faire grève, et c'était justice à ces époques où les communications étaient si difficiles. Pour éviter d'affamer la population il y eut une ordonnance en 1645, obligeant les bouchers de Paris de se transporter au marché de Poissy pour se pourvoir de bestiaux et ce à peine de la vie.

La fermeture des étaux était également réglementée et cela pour empêcher la concurrence. Les étaux devaient être fermés les lundi, mardi, mercredi et jeudi à 6 heures du soir, et le samedi à 9 heures (Ordonnance de 1677).

Les bouchers étaient aussi astreints, sous peine d'amende, à déclarer un an à l'avance leur intention de cesser leur commerce.

Une sentence de 1678 fait connaître qu'un étal, qui n'avait point été garni de viandes à Pâques, resterait fermé le reste de l'année.

En 1691, on voulut établir de grands abattoirs à Paris, et voici un des principaux arguments présentés contre cette mesure :

« Chaque boucher a 4 garçons au moins,
» plusieurs en ont 6, ce sont tous gens vio-
» lents et indisciplinables qui ont de la
» peine à se supporter les uns les autres et
» les Maîtres bouchers encore plus à les
» tranquiliser et les ranger à leur devoir.
» Or, il pourrait être dangereux de les
» mettre en état de se pouvoir compter, et,
» s'ils se voyaient onze ou douze cents en
» deux ou en quatre endroits, il serait diffi-

» cile de les contenir et encore plus difficile
» de les empêcher de s'assommer entre eux.
» L'on pourrait même appréhender que
» cette fureur, qui leur est si naturelle, ne
» s'étendit et ne portât plus loin. »

Ce sont peut-être ces mêmes raisons d'indiscipline, de violence et de cruauté qui, en Angleterre, faisaient exclure anciennement les bouchers du jury.

Les abattoirs furent établis et on n'eut pas lieu de s'en plaindre.

Dans une ordonnance de 1700, concernant le bailliage de Mantes, nous relevons quelques articles qui se rapportent à la boucherie et donnent une idée des précautions que l'on prenait déjà pour la salubrité publique et contre la regratterie.

Art. XXV. Défense à toutes personnes de jeter dans les rues, ruelles et places publiques, ni dans les grands chemins, aucunes tripailles, boyaux, sangs de bestiaux et autres choses de leurs vocations et métiers; mais ils les feront transporter hors de la ville aux lieux qui leur seront indiqués sous peine de six livres d'amende pour la première fois.

Art. XXVII. Le sang, trempis, issues et intestins des animaux seront tenus pendant le jour dans des tines et vaisseaux couverts pour être portés et vidés à la rivière, depuis 9 heures du soir jusqu'à 2 heures après minuit. Défense très expresse aux bouchers, charcutiers, rotisseurs, pâtissiers et à tous autres de renfermer dans leurs fumiers aucune des choses dessus dites ; défense également d'acheter aucunes denrées, victuailles. volailles, bestiaux ni autres marchandises pour les revendre pendant le même marché, sous peine de confiscation et de dix livres d'amende.

Art. XXXVII. Défense d'acheter des porcs qui ne soient loyaux et marchands et qu'ils n'aient été visités par le *langueyeur,* lequel ne pourra en faire aucun commerce en gros ni en détail.

Le Juré langueyeur de porcs était un officier établi dans les marchés pour inspecter ces animaux et empêcher qu'il ne s'en vende de ladres. Il visitait les porcs à la langue, avant qu'ils soient achetés, parce que l'on prétendait que lorsqu'ils sont ladres, il paraît à cette partie des pustules ou marques blanches et quelquefois des ulcères qui indiquent cette maladie. On langueyait les porcs en leur mettant un bâton dans la gueule. Il y avait un autre moyen qui consistait à arracher des soies sur le dos d'un porc, si la racine en était sanglante, on pouvait reconnaître la ladrerie.

Il existe encore aujourd'hui des langueyeurs sur les marchés; ce ne sont plus des fonctionnaires publics, mais de simples particuliers qui inspectent les porcs sur la demande des intéressés.

L'année suivante, en 1701, il y eut un édit général pour tout le royaume, établissant *des inspecteurs de boucherie.* Il fallait que les bouchers et les forains fissent déclaration aux bureaux établis à cet effet, de tous les bœufs, vaches, veaux, génisses, moutons, brebis et chèvres qu'ils amenaient en ville ou sur le marché, sous peine de 300 livres d'amende et confiscation des bestiaux non déclarés. Les droits d'inspection pour les villes et bourgs fermés étaient de 40 sols pour les bœufs et vaches, 12 sols pour les veaux et génisses et 4 sols pour les moutons, brebis et chèvres. Dans un document de 1782, nous voyons qu'à Meulan les droits de l'inspecteur s'élevaient à 1440 livres.

Pour compléter les renseignements que nous donnons sur la corporation des bouchers de Meulan au XVIIIe siècle, nous sommes encore obligés de voir ce qui se passait au dehors. Ainsi, dans les statuts et règlements des Maîtres bouchers de Paris en 1741, nous lisons que « l'aspirant qui
» désirait être reçu Maître boucher était
» obligé de présenter un chef-d'œuvre qui
» consistait à habiller un bœuf, un mou-
» ton et un veau par devant les syndic et
» jurés et huit anciens, deux par quartier
» et en deux vacations ; l'aspirant payait

» cent sols à chacun des jurés. Aucun do-
» mestique premier ou second de l'étal ne
» pouvait servir un autre maître boucher
» du quartier que deux ans après. Les gar-
» çons bouchers étaient engagés pour une
» année, de Pâques au prochain carême
» prenant. »

Il n'était pas toujours facile de délimiter les privilèges des diverses corporations dont le métier consistait à vendre de la viande crue ou cuite. Ainsi les bouchers de Rouen firent rendre, en 1744, une ordonnance contre les empiétements des charcutiers et ils disaient en parlant de ces derniers :
« Ces gens, nés d'hier, veulent nous faire la
» loi, eux qui, dans le principe, ne ven-
» daient au menu peuple que des chairs
» cuites au pot. »

En ce qui concerne les cuisiniers qu'on appelait gueux, traiteurs-rotisseurs, oyers (vendeurs d'oies), maîtres queux, porte-chape, eux seuls avaient le droit de cuire toutes sortes de viandes et, pour maintenir la propreté de leurs mains et de leur cuisine, il leur était défendu d'exercer conjointement avec leur état de cuisinier un métier mécanique de quelque genre que ce soit.

Ces contestations nous rappellent les procédures judiciaires qui se succédèrent entre les tailleurs et les marchands fripiers de

Paris, pendant 246 ans, de 1530 à 1776, et qui donnèrent lieu à plus de 20,000 arrêts.

Il s'agissait d'établir la ligne de démarcation entre un habit neuf et un vieil habit. De même pour les savetiers à qui il était interdit de faire des chaussures neuves.

En 1775, les bouchers de Meulan n'avaient plus souvenir des statuts de 1404; ils suivaient certainement, à cette époque, les ordonnances et les édits généraux du Royaume, ainsi que les règlements particuliers de la police urbaine, lorsque tout-à-coup, l'existence de ce document parvint à leur connaissance et nous soupçonnons fort de cette découverte l'érudit et savant, M. Lévrier, lieutenant-général du bailliage de Meulan. Aussitôt, ils font parvenir à qui de droit la requête suivante :

» Les Jurés et Maîtres de la communauté
» des Maîtres bouchers de la ville de Meul-
» lent supplient humblement le président
» lieutenant-général de police de leur per-
» mettre de faire imprimer des lettres pa-
» tentes qu'ils ont découvertes, portant con-
» firmation des anciens statuts de leur
» communauté, lesquelles lettres patentes
» du roi Charles VI de l'an 1404 leur avaient
» été inconnues jusqu'à ce moment, qu'ils
» ont fait extraire une copie exacte de
» l'exemplaire authentique et qu'ils désire-
» raient les faire imprimer de nouveau,

» pour en distribuer un exemplaire à cha-
» cun des Maîtres bouchers, soit afin d'être
» à portée de les consulter et de se confor-
» mer aux dispositions qu'elles renferment
» et aux règles qu'elles prescrivent, soit
» pour assurer leur droit de maîtrise et le
» privilège exclusif de leur métier dans la
» dite ville et banlieue. Signés : F. Huré,
» juré ; J. Huré ; Colard fils ; J. Huré, juré ;
» Charles Baux ; la veuve Baux. »

L'autorisation d'imprimer fut accordée, mais les statuts retrouvés ne devaient pas servir longtemps, car, seize ans plus tard, en 1791, la Révolution française allait faire disparaître toutes les corporations, jurandes et maîtrises.

En attendant, le 19 décembre 1781, une nouvelle ordonnance est rendue par le lieutenant-général de police de Meulan. « Dé-
» fense à tous habitants d'y donner aucun
» écoulement aux eaux croupies et infectes
» qui pourraient altérer la salubrité de l'air
» et occasionner la putréfaction des viandes ;
» il est défendu principalement aux bou-
» chers de donner issue dans les rues au
» sang et autres ordures de leur boucherie ;
» en cas de contravention, ils seront punis
» sur la première plainte qui en sera portée
» par les gens du quartier. »

Nous donnerons ici quelques chiffres pour indiquer quelle était l'importance de la boucherie meulanaise il y a une centaine d'années. La consommation de la viande, depuis Pâques 1781 jusqu'au carême prenant de 1782, fut de 355 bœufs, 600 veaux et 1700 moutons, non compris *la boucherie de carême* de 1782, laquelle fut de 20 bœufs, 35 veaux et 43 moutons.

Voici une expression nouvelle, *la boucherie de carême*, que nous n'avons pas encore rencontrée dans notre étude sur la corporation des bouchers de Meulan, et pourtant ce n'est pas un fait nouveau, cela existait depuis plusieurs siècles dans cette ville comme dans tout le royaume, mais ce n'est qu'à cette date de 1782 qu'on en trouve trace dans les documents sur Meulan que nous avons consultés.

Avant d'arriver à l'adjudication de la boucherie de carême de l'année 1783, en faveur de l'Hôtel-Dieu Saint-Antoine de Meulan, il y aura peut-être quelque utilité à donner certains détails rétrospectifs.

Le Carême consistait en quarante jours de jeûne et d'abstinence ou privation d'aliments gras. Nous ne nous occuperons que de l'abstinence de la viande, pratique imposée par l'Église, les uns disent pour la rémission de nos péchés et en souvenir du jeûne de Jésus-Christ dans le désert, les autres, dans l'intérêt de notre santé à l'approche du printemps ; quoiqu'il en soit, il n'était pas permis de faire pénitence à son gré, ou de soigner sa santé suivant sa fantaisie, il y avait obligation stricte de se conformer aux règlements ecclésiastiques. Ainsi vers l'an 653, le Concile de Tolède avait ordonné que les gens qui mangeraient de la viande pendant le carême seraient privés d'aliments durant tout le reste de l'année.

Au IXe siècle, Charlemagne, encore plus sévère et plus soucieux d'assurer le salut de ses sujets, décrète que toute violation des lois de l'abstinence serait punie de mort.

En 1595, Henri IV, nouvellement converti au catholicisme, fait défense aux bouchers de vendre ou d'étaler de la viande en temps de carême sous peine de la vie.

En 1700, le lieutenant-général de Mantes, plus humain, défend à toutes personnes publiques de donner à manger de la viande ou des œufs aux jours que l'usage de ces aliments est défendu, à peine de cinquante livres d'amende.

Il parut, en 1704, un édit draconien contre les gens chez lesquels on trouverait de la viande pendant le carême : 3 mois de prison, 3,000 livres d'amende, et l'exposition au carcan pendant trois jours de marché pour une première fois. Rien que cela. Si le coupable était maître boucher, il était déchu de la maîtrise, et s'il était apprenti, jamais il ne devenait maître. Les chevaux, charrettes, harnais, coches et bateaux qui avaient servi à transporter de la viande étaient confisqués au profit de l'Hôtel-Dieu.

D'autres fois, les délinquants étaient promenés par la ville, le corps du délit pendu au cou.

Ces quarante jours de jeûne et d'abstinence rigoureux paraissaient bien longs, bien fastidieux à nos ancêtres ; de là, le proverbe : Pour trouver le carême court, faites une dette payable à Pâques.

Le clergé n'était pas toujours aussi intolérant. On raconte que Fénelon, archevêque de Cambrai, surprit un jour son élève, le duc de Bourgogne, petit-fils de Louis XIV, faisant gras un jour de carême. Comme le prince cherchait à s'excuser sur sa mauvaise santé, le Prélat lui aurait répondu : Mangez un veau et soyez juste.

Obligé de supporter le carême avec toutes ses exigences et ses privations, le peuple s'en consolait en se donnant le plaisir d'une réjouissance publique. Le mercredi des Cendres, dit un auteur, après avoir brûlé le mannequin du carnaval, on le remplaçait par un autre mannequin auquel on donnait le nom de *Prince-Carême* ou *Carême prenant* qui, le jour de son inauguration, était gras et bien portant ; il était naturellement escorté par les marchands de poisson. Tous les dimanches, le Prince-Carême était promené par la ville, mais il maigrissait à vue d'œil et à chaque apparition on voyait diminuer son cortège. A la mi-carême, il était obligé de faire des présents, de donner des jouets aux enfants et des bonbons aux femmes, pour ne pas être brûlé ou noyé. Les dimanches suivants il continuait à maigrir, il devenait aussi décharné que déconsidéré et on ne voyait plus à sa suite qu'un médecin et un apothicaire ; enfin, il expirait le samedi saint à midi, on lui mettait une corde au cou et il était pendu et brûlé sur la place publique. Le carême se terminait par une chasse faite aux marchands de poisson, dans toutes les rues de la ville, par les bouchers qui allaient rouvrir leurs étaux.

Les boucheries étaient donc fermées non seulement tous les vendredis de chaque semaine, mais encore pendant les quarante jours de carême, et pourtant l'abstinence n'était pas générale, puisqu'il fallait fournir de la viande aux malades et à ceux qui obtenaient des dispenses. De cette obligation résulta le privilège donné aux Hôtels-Dieu qui eurent seuls le droit de vendre de la viande et des œufs en temps de carême afin que, disait-on, les pauvres profitassent de la tolérance qui permet au besoin de remplacer le jeûne par l'aumône.

A Paris, par exemple, les conséquences

de ce privilège furent que l'on ne pouvait y introduire de la viande pendant le carême sans un laissez-passer de l'Hôtel-Dieu, et que pour obtenir un peu de viande dans les boucheries de cet établissement hospitalier, les seules permises durant ce laps de temps, il fallait se munir à l'avance d'un certificat de maladie signé par un médecin et contre-signé par le curé de la paroisse.

Il en était de même à Meulan, comme nous le fait connaître une ordonnance du 18 février 1783, par laquelle le lieutenant-général civil, criminel et de police, Antoine-Joseph Lévrier, fait savoir « que l'époque
» d'usage pour adjuger la *boucherie de ca-*
» *rême*, dont le débit appartient à l'Hôtel-
» Dieu de cette ville, étant arrivée, il a pro-
» cédé à l'adjudication, en faveur de celui
» qui aura porté chaque livre de viande au
» plus bas prix pour le public et qui en
» même temps offrira la somme la plus
» considérable au profit de l'Hôtel-Dieu,
» pour lui tenir lieu de son privilège, que
» plusieurs inconvénients ne lui permettent
» pas d'exercer. »

Après plusieurs mises et enchères successivement portées, entre autres par Pierre Huré, boucher en cette ville, à 8 sols la livre et 450 livres pour l'Hôtel-Dieu, et enfin par Jean-Baptiste-Pierre-Alexandre Chévremont, marchand tanneur, à 7 sols 9 deniers et 450 livres pour l'Hôtel-Dieu.

« Ce dernier, présent et acceptant, a été
» reconnu adjudicataire du droit de tenir
» seul la boucherie pendant le carême pro-
» chain dans la ville, fort, fauxbourg, ban-
» lieue et ressort de ce bailliage, à l'exclu-
» sion de tous maîtres et marchands bou-
» chers et de tous autres, auxquels défen-
» dons de vendre aucune viande à peine de
» confiscation et de trois cents livres d'a-
» mende. »

L'adjudicataire était tenu de fournir au public, sans distinction, la viande de bonne qualité loyale et marchande en bœuf, veau et mouton, sans aucune basse boucherie, ni morceaux appelés vulgairement réjouissances, au prix de 7 sols 9 deniers la livre, pris dans sa boutique ; à l'égard des bas morceaux, basse boucherie ou réjouissance, qui sont : tête, collier, flanchets, jarrets et intestins, au prix de 5 sols 9 deniers la livre.

« Enjoignons au dit adjudicataire de
» prendre des bouchers de cette ville et fort,
» le mercredi des cendres prochain, la
» viande qui leur restera, bonne, loyale et
» marchande, jusqu'à la concurrence de
» 15 livres pesant seulement pour chaque
» boucher, à raison de 5 sols la livre pour

» les bons morceaux et 3 sols pour la basse
» boucherie. »

La viande de boucherie était non seulement taxée pendant le carême, mais aussi durant le reste de l'année, c'est ce que nous apprend une sentence de police du bailliage royal de Meulan, du 19 septembre 1785, contre cinq maîtres bouchers de cette ville
» qui, au mépris de l'ordonnance qui fixe
» le prix de la viande de bonne qualité à
» 8 sols la livre, et celle appelée basse bou-
» cherie à 6 sols, se sont permis et se per-
» mettent non seulement de la vendre à un
» plus haut prix, mais même encore de pe-
» ser la basse boucherie avec la viande de
» première qualité et de faire payer le tout
» au même prix....., qu'ils se sont permis
» des réponses grossières et ont annoncé
» hautement qu'ils fermeraient leur bou-
» tique plutôt que de diminuer le prix, et
» que si l'un d'entre eux était condamné à
» l'amende, ils se réuniraient pour la
» payer. »

Le Procureur du Roi condamne les cinq bouchers à chacun 50 livres d'amende et ordonne que la sentence sera imprimée, lue, publiée et affichée au nombre de cent exemplaires.

Il faut reconnaître, d'ailleurs, que la taxe de la viande n'est pas facile à établir et que les municipalités à cette époque avaient grand'peine à contenter tout le monde, les bouchers et les consommateurs. C'est ce que nous voyons dans une lettre adressée de Pontoise, en 1782, au lieutenant-général de Meulan, M. Lévrier, par laquelle on lui demande d'envoyer le plus tôt possible la taxe de la viande vendue à Meulan. « Les » bouchers d'ici (Pontoise) nous font damner » et cependant la viande s'y vend plus cher » qu'ailleurs, ils prétendent que les bou- » chers des villes voisines ont plus de faci- » lité qu'eux. »

M. Lévrier envoie les renseignements demandés et ajoute : « La taxe de la viande est » partout une des opérations de la police » les plus difficiles. Il n'y a que les bouchers » eux-mêmes qui connaissent la proportion » entre le prix du bétail vivant et son poids » lorsqu'on le vend au détail à la bou- » cherie. »

Vers cette époque, il fut fait défense « à » toutes personnes de s'établir et de lever » boutique dans cette ville de Meulan et sa » banlieue, soit à demeure, soit en passant, » de quelque commerce, art ou métier que » ce soit, même de changer de boutique et » commerce sans s'être présenté devant le » lieutenant-général de police pour justifier » de leur conduite, et sans avoir obtenu sa » permission de se faire inscrire au Greffe de » la police, dans la classe du commerce

3.

» qu'ils voudront entreprendre, à peine de
» 300 livres d'amende et même de clôture
» de boutique s'il y a lieu. »

C'est sur un extrait de ce registre des commerces, arts et métiers de Meulan que, pour l'année 1786, nous avons relevé sept maîtres bouchers résidents et un boucher forain. Voici leurs noms : André Fouquet, rue du Fort; Charles Baux, place de Mantes; Louis-Joseph Baux, rue Basse ; Denis-Pierre Huré, rue Basse ; Charles-Augustin Huré, rue Notre-Dame; Louis Gravilliers, rue du Fort; Robert-François Doullé, Porte de Paris ; François Gervais, boucher forain.

En 1789, le prix de la viande pour la boucherie de carême avait été fixé à 9 sols la livre et après Pâques à huit sols. Quatre marchands bouchers de la ville ayant vendu cette dernière plus de huit sols, une sentence de police du bailliage royal de Meulan, du 12 mai 1789, les condamna chacun à 50 livres d'amende — considérant que
« les marchands bouchers ayant mis eux-
» mêmes le prix à la viande de carême par
» adjudication publique, au prix de 9 sols
» la livre, avec toutes les charges de l'adju-
» dication et la somme destinée à l'Hôtel-
» Dieu de cette ville ; que cette somme et
» ces charges n'ayant pas lieu hors le temps
» de carême, il a dû en résulter nécessai-
» rement une diminution à Pâques ; qu'el-

» fectivement, à Pâques dernier, les mar-
» chés de Poissy ont été très abondants,
» que le bœuf sur pied a été vendu à un
» prix beaucoup moindre qu'avant le ca-
» rême, ce qui a déterminé la taxe de 8 sols
» sans réjouissance ni basse-boucherie,
» etc., etc. »

La corporation des bouchers, comme les autres corps de métier, avait sa fête annuelle ; c'était le jour de l'Annonciation de Notre-Dame, et l'on peut supposer, qu'en prenant le 25 mars pour cette cérémonie, c'est que cette date était presque toujours comprise dans la période de repos que les 40 jours de carême leur octroyait, le dimanche de Pâques variant du 22 mars au 25 avril.

Les corporations, à leur début, eurent certainement leur raison d'être ; il était nécessaire que les marchands et les artisans se réunissent par profession, comme le dit M. Renouard, pour se soutenir mutuellement contre les exactions et les violences des seigneurs et du clergé, des gens de cour et des gens de guerre, et contre les rapines des individus de toutes classes.

Dans un temps où tout était privilège, n'était-ce pas justice que ceux qui alimentaient le commerce et l'industrie fussent aussi privilégiés ?

Les gens de métier avaient à soutenir des

luttes incessantes contre des pouvoirs multiples qui s'abattaient sur eux de tous côtés; mais, comme toute organisation politique ou sociale qui ne sait se modifier ou se transformer avec les circonstances, les corporations en arrivèrent à se rendre impopulaires par leurs exigences.

Voici quelques-unes de ces exigences, outre celles que nous avons relatées au cours de cette étude : les bonnetiers de Paris demandaient un apprentissage de dix années et les tonneliers de Lyon de sept années avant la maîtrise, sans compter trois années de compagnonnage au minimum ; dans certaines corporations, on ne pouvait se marier avant d'être devenu maître ; les droits de réception étaient très élevés ; les corporations s'étaient arrogé la faculté de faire violer le domicile d'un ouvrier en chambre (un *chambrelan*, comme on disait alors) non incorporé et de lui enlever les produits de son travail ainsi que ses outils, en abandonnant ainsi toute une famille à la misère; ceux qui n'étaient pas nés dans la ville étaient exclus de la maîtrise ; les femmes ne pouvaient exercer le métier de broderie pour leur propre compte, etc., etc.

Le fisc royal venait à la rescousse et une multitude de jurés, d'offices héréditaires furent créés et vendus (plus de 40,000 sous

Louis XIV) au profit du Trésor public, pour visiter, vérifier, contrôler, auner, peser, etc. Toutes les fois, disait Pontchartrain au Roi, que votre Majesté crée un office, Dieu crée un sot pour l'acheter.

On créa, dit Voltaire, des charges ridicules, on inventa les conseillers du Roi, contrôleurs aux empilements de bois, des contrôleurs-visiteurs de beurre frais, des essayeurs de beurre salé, des conseillers du Roi rouleurs et courtiers de vin. Cette dernière charge seule produisit en 1707, 180,000 livres. Ces extravagances font rire aujourd'hui, mais alors elles faisaient pleurer.

Dès 1614, le Tiers-État demandait aux États-Généraux la suppression des corporations.

Plus tard, Turgot les supprima par l'édit de 1776 et dans son rapport au Roi, le ministre réformateur fait l'énumération « des
» dispositions bizarres, des exclusions ty-
» ranniques, des prohibitions absurdes,
» contraires à l'humanité et aux bonnes
» mœurs » dont sont remplis les codes obscurs du monopole industriel et commercial, « rédigés par l'avidité, adoptés sans
» examen, dans des temps d'ignorance et
» auxquels il n'a manqué, pour être l'objet
» de l'indignation publique, que d'être
» connus. »

Malheureusement, cet édit libérateur fut rapporté six mois après, et ce n'est que le 2 mars 1791, que l'Assemblée nationale constituante vota la liberté du commerce et du travail, en abolissant les privilèges, les monopoles et les corporations, sous quelque dénomination que ce soit ; elle donna à tout français le droit de faire tout négoce, d'exercer toute profession, art ou métier quelconque, sous la condition de payer une patente.

La Constituante, dit M. V. Duruy, préoccupée de l'idée d'assurer à l'individu la plus grande liberté possible, tomba dans un excès opposé à celui du régime des corporations. Le décret du 17 juin 1791 interdit aux personnes d'une même industrie d'avoir des intérêts communs. C'était proscrire l'esprit d'association.

Aujourd'hui, les syndicats commerciaux, industriels, professionnels de patrons et d'ouvriers, sont venus remplacer les antiques corporations ; ils ont tous les avantages de l'ancien système sans en avoir les inconvénients.

Nous terminons ici notre travail de recherches sur la corporation des bouchers de Meulan. On nous pardonnera, nous l'espérons, d'y avoir joint çà et là quelques détails sur l'organisation de la boucherie et des corporations en général avant la Révolution française (1).

(1) Principales sources consultées : Ordonnances des Rois de France. — Collection Lévrier, à la Bibliothèque nationale. — Traité de la police, de Delamare. — Dictionnaire des confréries et corporations d'arts et métiers, de Gautier.

www.ingramcontent.com/pod-product-compliance
Lightning Source LLC
Chambersburg PA
CBHW060525050426
42451CB00009B/1160